Mere Ehsaas

Mere ehsaas ki khani, shabdo ki zubani

Sonia Bhardwaj

Made with ❤ on the BookLeaf Publishing Platform
www.bookleafpub.in
www.bookleafpub.com

Dedication

मेरी ये कविताएँ, किसी के लिए शायद शब्दों में पिरोकर अपने एहसास को बयां करना है, लेकिन मैंने जिया है इन शब्दों को उनके पीछे छुपे उन अनकही कहानी को , जिनको सिर्फ़ महसूस किया जा सकता है, मैं नहीं जानती कि मैंने कब शब्दों को समझना शुरू किया, कब मेरे दिल के भाव पहले एहसास फिर शब्द और शब्दों से कविता के रूप में बदल गए। मुझे किताब पढ़ने का शौक़ शुरू से ही था। मैं दर्शन शास्त्र की प्रोफ़ेसर थी, इसलिए किताबों के साथ मेरा सम्बन्ध बहुत पुराना है, जब मैं ख़ुद एक विद्यार्थी थीं तब मुझे अपने प्रोफ़ेसर के साथ एक अलग सा ही प्रेम था और जब मैं ख़ुद प्रोफ़ेसर बनी। तब मेरे विद्यार्थियों के साथ बहुत ही प्यारा सा रिश्ता था, अक्सर दुसरो की दिल की बातों को सुनना समझना महसूस करना जैसे पसंद हो मेरी।

और यही शोक कब मेरी प्रेरणा बन गया मुझे पता ही न चला, मैं अक्सर अकेले में डायरी में अपने दिल की बातों को , एहसास को , सोच को , उन बातों को लिखतीं थी। जो कभी-कभी दिल करता था कि कोई तो हो जो मुझे सुनें और महसूस करें, लेकिन वो कहते है न कि जो होता है अच्छे के लिए होता है। जब कोई मुझे सुनने वाला नहीं था तब मेरी डायरी मेरा सहारा बनी, और लिखते लिखते मैं बहुत दूर तक निकल गई। जैसे जैसे समय बीतता गया तब एक दिन अचानक मेरी बेटी सिद्धी,जो बहुत ही समझदार सयानी और सबसे बहुत ही प्यार करने वाली सबका खयाल रखने वाली है। उसने एक दिन अचानक मेरी डायरी में लिखी इन कविताओं को पढ़ा! और तब उसने मुझे ये एहसास दिलाया कि जिन शब्दों को लिख लिख कर मैंने ये डायरी को भर दिया है। वो बहुत ही प्यारी दिल को छू लेने वाली कविताएँ हैं, और बस तब मेरी बेटी सिद्धि मेरी प्रेरणा बनी और उसने

मुझे प्रोत्साहित किया डायरी से किताब तक पहुँचने के सफ़र में। हाँ एक बात और आजकल की दुनिया डिजिटल की है। और उसमें सहायक मेरा बेटा बना। आदित्य, आदित्य ने मुझे आईपैड पर लिखना सिखाया।

आज इस किताब के माध्यम से मैं जहां अपने बच्चों की आभारी हूँ। वहीं सबसे बड़ा श्रेय मैं अपने पति सन्दीप जी को दूँगी। क्योंकि वह जब भी मुझे घर और रसोई के कामों में व्यस्त देखते तो मुझे कहते, सोनिया तुम पढ़ी लिखी हो इन सब ज़िम्मेदारीयो के साथ साथ कभी ख़ुद को भी समय दिया करो, कुछ करो तुम्हारे अन्दर बहुत हुनर है ख़ुद को आगे बढ़ाओ। अच्छा हुआ जो मैंने उनकी बातों को दिल से सुना और डायरी को अपना हमराज़ हमराही बनाया ।

Preface

कविता की किताब लिखने के लिए साहस, सहनशील और ख़ुद के
प्रति बहुत धैर्य की आवश्यकता होती है,
वर्षों से अपनीं क़लम से निकलें विचारों को अपने भावों को केवल
शब्दों का रूप देकर ही, अपनीं डायरी में बहुत संजोए हुए रखा हुआ
था,
लेकिन आज इस किताब के माध्यम से अनेक प्रकार के विचारोत्तेजक
परिस्थितियों से रूबरू होकर, आज मेरी क़लम ख़ुद चलने को मजबूर
हो गई,
ये मेरे व्यक्तिगत विचारों का मंथन हैं। ये कोई ज़रूरी नहीं कि मेरे
शब्द, मेरे हृदय के भाव हर किसी के दिल को छू सकने में सामर्थ हो।
समय और परिस्थितियों के साथ जिवन में कई मौक़े आए हैं, और
अनेकों खटे मीठे अनुभवों का साथ भी मिला है,
जिन्हें इन कविताओं के माध्यम से साझा करने की एक छोटी सी
कोशिश की है ।
बहुत से प्रियजनो के सहयोग से साहस से उनका मेरे प्रति स्नेह और
विश्वास देखकर आज ख़ुद को यहाँ तक पहुँचने की हिम्मत को जुटा
सकी हूँ मैं ।
आशा करती हूँ कि पाठक वर्ग इसे मेरी व्यक्तिगत भावनाओं के रूप
में ही स्वीकार करेंगे ।

Acknowledgements

मेरा नाम डा सोनिया भारद्वाज है।मैं महाराष्ट्र के एक सुप्रसिद्ध मायानगरी मुंबई में अपने परिवार के साथ रहतीं हूँ । वो कहते हैं न जीवन में अगर आपको प्रगति करनीं है , फिर वो किसी भी क्षेत्र में हो ,रिश्तों के आधार पर, समाज के आधार पर हो, या फिर कार्यों के आधार पर प्रगति हो , बिना परिवार के सहयोग के आप जीवन में आगे नहीं बढ़ा जा सकता है । परिवार का सहयोग आपकी प्रगति , सफलता में हमेशा उस ढाल का काम करता है, जहां पर आपके रूकने थमने, गिरने,हारने से पहले ही आपको सम्भाल लिया जाता है । मैं भी आज ख़ुशहाली की जिन बुलंदियों को पा चुकीं हूँ, या प्राप्त करने की कोशिश कर रही हूँ, वहाँ पर सबसे बड़ा सहयोग , सहायक मेरा परिवार ही रहा है ।

अतीत में विवाह से पहले मेरे माँ पापा, भाई बहन, ने मेरा साथ दिया , मुझे प्रोत्साहित किया, और विवाह के पश्चात मेरी ससुराल में मेरी सासु माँ मेरे पति मेरे बच्चों ने मुझे प्रोत्साहित किया और जो आज भी हर कदम पर मेरे साथ रहते हैं मेरी सहायता करते हैं ।

मैं दर्शन- शास्त्र की प्रोफ़ेसर रह चुकीं हूँ । किताब पढ़ना मुझे बचपन से ही बहुत पसंद था, किन्तु मेरी ये पसंद कब मेरे दिलो दिमाग़ पर अपना प्रभाव डालने लगी, मुझे कब इन किताबों की भाषा से प्रेम हो गया, दिल की गहराइयों से कैसे उन्हें समझने लगी, मुझे पता ही नहीं चला, और आज मेरी ये पसन्द मेरे जीवन का हिस्सा , मेरी आदत बन गई हैं । धीरे-धीरे मैं भी इन किताबों के शब्दों के साथ अपने एहसासों को महसूस करने लगीं, जैसे जैसे समय बीतता गया मैंने लिखना शुरू कर दिया, अलग समय, जज़्बात के अनुसार मैंने कविता को लिखने की प्रेरणा को प्राप्त किया ।

मैं आज अपनी इस किताब के माध्यम से अपने परिवार मित्रों को जो मेरे सहयोगी शुभचिंतक है। उनका दिल से धन्यवाद करतीं हूँ,और जो लोग मेरी लेखनी में मेरी प्रेरणा का माध्यम बने , क्योंकि आप तभी कुछ लिख सकते हैं जब आपके हृदय में किसी प्रकार के जज़्बात सोच विचार का कोई माध्यम , कारण, रहा हो, इसलिए मैं हृदय की गहराइयों से उन सभी का भी धन्यवाद करती हूँ । आप सभी की जीवन पर्यन्त आभारी रहूँगी ।

1. धुएँ में छुपा एहसास

एक बंद कमरें के अंदर से धुआँ निकल रहा था,
जब कमरे का दरवाज़ा खोल कर देखा,
तो बहुत से सिगरेट के छर्रें सुलग रहे थे,
उस एशटरे में
एक अजीब सा अन्धेरा छाया था,
उस चारदीवारी में
किसी के होने का एहसास हो रहा था वहाँ,
पर, कोई था नहीं,
एसा महसूस हो रहा था,
कि जैसे कोई साया छुपा था,
उस धुएँ में,
बिना शब्दों के जैसे कोई कहानी सुना रहा हो,
कुछ यादों की , किसी के साथ बिताए हुए,
लम्हों की, कुछ उस एहसास की,
जो उस धुएँ में गुम था,
कुछ अनकहे जज़्बात थे ,
उस कमरे में, उस धुएँ में,
गुनाह किसने किया था,
गलती किसकी थी,
कौन किसे यू , अकेला छोड़ गया था,

एसी भी क्या मजबूरी थी,
उस धुएँ में कई सवाल थे,
एसा लग रहा था, जैसे,
बारिश से भरे काले घने बादल,
उतर आए हों, उस कमरे में,
जो आतुर हो रहे हो गरज गरज कर बरसने के लिए,

2. आईना

आज कुछ परेशान सी हो तुम

जैसे किसी उलझन में हो तुम,

बहुत सी बातें हैं दिल में,

जिन्हें कहना चाहती हो तुम,

किसी एसे इन्सान को ,

जो तुम्हारे लिए अपना हो, और तुम उसके लिए

जो जानता तो हो तुम्हें, पर समझता भी हो,

जिसके पास वक़्त हो तुम्हारे लिए

जो कहे तुमसे, कि मुझे तुम्हारे,

हर उन अनकहे शब्दों की खनक सुनाई देती हैं

जिन्हें तुम छुपाएँ हो अपने मन में,

पर समझ नहीं पा रही हों,की

एसा कौन है, जो, तुम्हें अपना समझता हो ,

जानना चाहते हो कि वो कौन है,

जो तुम्हारे उन अनकहे शब्दों की झनकार में,

मस्त होकर, तुम्हारी लय में लय मिलाना चाहता है

चलो तो आँखों को बन्द करके महसूस करो,

तुम्हें वो चेहरा साफ़ दिखाई देगा ,

जिसके पास सिर्फ़ तुम्हारे लिए वक़्त है ,

जो तुम्हारा अपना है,

तब मुझे एहसास हुआ कि
वो कोई और नहीं मेरा ख़ुद का अस्तित्व है
जिसे मैंने आईने में देखा, महसूस किया
जो मेरे साथ हर लम्हा बिताना चाहता है,
हँसना रोना, खेलना मस्ती करना चाहता है,
लेकिन बिना आईने के
मैं कभी ख़ुद को पहचान ही नहीं पाती,
कयोकी हम कभी भी ख़ुद के साथ वक़्त गुज़ारना ही नहीं चाहते ।

3. बेरंग सबब

ज़िन्दगी के कुछ पन्नों को पलट कर देखा तो,

कुछ बेरंग सबब नज़र आए,

न राह थी, ना ही कोई मंज़िल,

फिर भी न जाने किसके कदमों के निशान नज़र आए,

बहुत दूर तक जाना था,

एक घनी भीड़ को लांघ कर,

फिर भी न जाने क्यों हम अकेले नज़र आए,

ज़िन्दगी के कुछ पन्नों को पलट कर देखा तो,

कुछ बेरंग सबब नज़र आए,

देखे थे, कुछ ख़्वाब अक्सर हमने,

उनके टूटे हुए बस मनज़र नज़र आए,

मोहब्बत की थी, दिलों जान से हमने,

न जाने क्यों वो बेवफ़ा नज़र आए,

ज़िन्दगी के कुछ पन्नों को पलट कर देखा तो,

कुछ बेरंग सबब नज़र आए!

4. प्यार की कोशिश

ग़मों में ख़ुशियाँ ढूँढने की कोशिश कर रहा है कोई,
शायद?
मुझसे प्यार करने की कोशिश कर रहा है कोई,
यहाँ प्यार की ख़ुशियाँ कहाँ,
यहाँ तो ग़म का समन्दर है,
शायद, खारे समन्दर में,
मीठे पानी की तलाश कर रहा है ,कोई ,
शायद मुझसे प्यार करने की कोशिश कर रहा है कोई,
यहाँ ग़म की मईययत पर मैं,
अपनी तमन्नाओं को घोंट कर सोइ हूँ ,
शायद, इस नींद से मुझे,
जगाने की कोशिश कर रहा है कोई,
शायद मुझसे प्यार करने की कोशिश कर रहा है कोई
मै, इस दुनिया में न मिल पाऊँगी,उसे
ये जानता है वो,
फिर भी मुझे माँगने की कोशिश कर रहा है कोई,
शायद मुझसे प्यार करने की कोशिश कर रहा है कोई,

5. वक़्त

बात वक़्त की होती हैं,
यां यू कहूँ कि मनमर्ज़ी के वक़्त की होती हैं,
कभी किसी ने वक़्त माँगा,
कभी किसी ने किसी को वक़्त दिया,
पर दिया अपनी मर्ज़ी के हिसाब से,
अब सोचतीं हूँ, कि
अब आज जब उसे वक़्त की ज़रूरत है,,
तब मैं क्या करूँ,
जज़्बात से दूँ, यां अपनीं मनमर्ज़ी से दू,
दिल और दिमाग़ में खेल हो रहा है,
दिल कहता है, जाने दो,
वही, नम आँखें, इस वक़्त की अहमियत और, तकलीफ़ को समझतीं
है,
पर दिमाग़ कहता है,
कि वक़्त ही तो सबसे बड़ा आईना है,
जो इनसान की पहचान इन्सान से,
और, आज के वक़्त की पहचान ,गुज़रे वक़्त
के अतीत से करवाता है

6. ख़ुद की तस्वीर

आज कुछ लिखना चाहतीं हूँ मैं,
ख़ुद को कुछ समय देना चाहतीं हूँ मैं,
खुद की एक तस्वीर बनाई है मैंने,
आज उस तस्वीर को आईने के सामने रख संवारना चाहतीं हूँ मैं,
शबदों के कैनवस पर उतार कर , कुछ रंगो से भरना चाहतीं हूँ मैं,
एक हल्के रंग की साड़ी पहने हुए, आधा लिपटा आधा खुला सा
पल्ला पड़ा है कन्धे पर,
सुनहरी रेशम से, बालों का हल्का सा जुड़ा बांधे हुए,
चेहरे पर उड़ते गिरते हुए बालों को संवारना चाहतीं हूँ मैं,
इक मुस्कुराहट है होंठों पर,
बहुत ही प्यारी सी चमक है चेहरे पर,
सीधे हाथ पर एक छोटे से डायल की घड़ी पहने हुए,
हाथों की उँगलियों में पैन को घुमाते हुए,
आखों में चश्मा , और उस चश्मे की नज़र से कुछ ढूँढते हुए,
अपने घर के आगंन में घुमना चाहतीं हूँ मैं,
आगंन के बाग़ीचे में वो मख़मल सी घास, सुन्दर से फुल,
लहलहाते पेड़, उन पर चहचहाते हुए पक्षियों का झुंड,
वहीं थोड़ी दूर ऊँची ऊँची पहाड़ियाँ,
सुरज की मध्यम सी धुप, को महसूस करना चाहतीं हूँ मैं,
वो मिठी मिठी सी सर्दी, सौंधीं सौंधीं सी मिट्टी की ख़ुशबू,

इस मन को मोह लेनेवाले दर्शय को देखते हुए,य
मेरे विचारों में खेल खेलते हुए शब्दों का समूह,
न जाने किस धागे के किस सिरे को जोड़ना चाहते हैं,
हाॅ , इस सपने सी तस्वीर को जीना चाहतीं हूँ मैं,
हाॅ , अब ख़ुद को बस ख़ुद को समय देना चाहतीं हूँ मैं!
आज कुछ ख़ुद के बारे में लिखना चाहतीं हूँ मैं,

7. अन्दाज़ सूफियाना

बहुत हँसी लगता है, तेरा अन्दाज़ सुफियाना,

गीतों में , ग़ज़ल में,

मन्दिर की आरती में,

मस्जिद की अजा़न में,

बहुत हँसी लगता है, तेरा अन्दाज़ सुफियाना,

वो तेरी झूलफों का हवा के सहारे तेरे चेहरे को ढक देना,

तीखे चंचल आँखों को काजल से सजाना,

वो हया से तेरे चेहरे पर लाली का छा जाना,

वो बिंदिया का तेरे माथे पर चाँद सा चमकना,

बहुत हँसी लगता है तेरा अन्दाज़ सूफियाना,

वो झुमके का झुमते हुए, तेरे गुलाबी गालों को चुमना,

चुडीयों की खनक के साथ, शर्मा कर आँचल को दांतों में दबाना

वो दबे पाँव भागते हुए, तेरी पायल का शोर मचाना,

फिर अचानक से तेरा पलट कर देखना, और

नज़रों के मिलते ही तेरा अनदेखा कर देना,

बहुत याद आता है, वो गुज़ारा ज़माना , वो तेरा अन्दाज़ सूफियाना!

8. आख़िर कौन है वो

आज एक लड़की से मुलाक़ात हुई,

कुछ अलग सी महसूस हुई वो,

उसे देखते ही दिल में कुछ हलचल सी होने लगी,

कि समझूँ उसे ,जानूँ उसके बारे में,

एक अजीब सी कहानी थी उसकी पहचान में,

एक अनखिली कली सी,कुछ खूबसूरत रंगों से भरी,

हंसे तो बंद सीप में मोती सी लगती है वो,

पर, उसकी उस हँसी को समझूँ तो , एसा महसूस होता,

जैसे , बारिश की कुछ बूँदें हो, जो आँख से बहते हुए! उन आंसुओं से जा मिलीं हैं

जब बातें करतीं हैं, तो मरते हुए में भी फिर से जीने की ताक़त भर देतीं हैं

पर, उसके उन शब्दों को सुनूँ तो, अनकहे शब्दों में छीपि हुई कहानी सी लगती है वो,

महफील में जाए तो महफ़िल की रौनक़ है वो,

पर, जब नज़र भर उसकी और देखूँ, तो

बहुत अकेली, खोई खोई सी लगती है वो,

सबसे प्यार करने वाली ,सब पर जान न्योछावर कर देने वाली,पर,

खुद बहुत अकेली सी लगती है वो,

आँखों मे बहुत से सपने है उसकी,

खुले आसमान की तरह ,
बहुत दूर तक जाना है उसे,
पर क़दम जैसे रूके रूके से हो उसके,
कैसे कहूँ कि बहुत नाज़ुक सी है वो,
एक कली की तरह,
यां ,
यू कहूँ कि बहुत मज़बूत है वो एक चट्टान की तरह,
बस इसी कश्मकश में हूँ, की,
आख़िर कौन है वो?

९. सपनों की दुनिया

एक लड़की ", जब उम्र का पड़ाव खतम कर,
नए दौर में क़दम रखतीं हैं,
तब,
नई नई उमंगों और रंगों में अक्सर,
खोइ खोइ सी रहती हैं,
वो अक्सर मौक़ा ढूँढतीं हैं,
अपनीं सखी के साथ,
उन सपनों की उड़ान भरने के लिए,
हमेशा मन में यह विश्वास रखतीं हैं,
कि उसके सपने एक दिन ज़रूर सच होंगे,
एक अजीब सी उड़ान होती हैं,
उसके सपनों में,
जैसे बिना पंख और हवा के,
ही आसमाँ को छपना चाहतीं हो ,
बहुत खुबसुरत से रंग होते हैं,
उसकी उस रंग बिरंगी सी दुनिया में,
जब अचानक उसके सपनों को,
मंज़िल मिल जाती हैं,
तब ख़ुशी से झूम उठतीं है वो !

10. उनकी राह में

उनकी राहों में महफ़िल सज़ाएँ बैठे हैं हम,
उनको फुरसत ही कहा जो,
अपनों के पास आ बैठे,
हर तरफ़ उनकी आरज़ू है हमें,
हाय ये , कैसे हमदम बनाए बैठे हैं, हम ,
उनकी राहों में महफ़िल सज़ाएँ बैठे हैं हम,
उन्हीं के प्यार ने दर दर बदनाम किया है हमें,
हाय! ये किस पर ,अपना दिल लुटाए बैठे हैं हम,
उनकी राहों में महफ़िल सज़ाएँ बैठे हैं हम,
प्यार की राहों में, फुलों की तमन्ना रखते हैं सभी,
हम तो काँटों को सीने से लगाए बैठे हैं ,
हाय! उनकी राहों में महफ़िल सज़ाएँ बैठे हैं हम,

11. व्यस्त रहतीं हूँ

व्यस्त रहती हूँ मैं, ख़ुद में ही, ख़ुद के संग,

घर और बाहर के कामों में,

दुनियादारी,हर रिश्ते हर सम्बन्ध को निभाने में,

अपनी मंज़िल की खोज में,

दिन से रात और रात से दिन की सोच में,

हाँ,व्यस्त रहती हूँ मैं,

अपनी ज़िम्मेदारी अपने फ़र्ज़ को पूरा करने की दौड़ में,

किसी की शिकायतों को किसी की परेशानीयों को सुलझाने में,

हॉ व्यस्त रहती हूँ मैं,

किसी की मुस्कुराहट में,

किसी के आँसूओ में,

किसी की यादों में,

किसी की आहों में, किसी की बाँहों में,

किसी की निगाहों में, किसी की राहों में,

किसी के दिल में,

कभी अपनों में, कभी परायों में,

अलग अलग रूप, अलग अलग रंगों में,

चुडी की खनक से पायल की छनक में,

अपनी ही क़लम से, अपने ही शब्दों के जाल में,

हॉ , व्यस्त रहती हूँ मैं ख़ुद में ही ख़ुद के संग!

12. तन्हाई में तनहा

अक्सर लोगों को यह कहते सुना है,

मैं और मेरी तन्हाई अक्सर ये बातें करते हैं,

कि जब हमारे पास कोई नहीं होता,

हमारे ख़ुद के सिवा,

तब हमें महसूस होता है कि हम कितने तनहा है,

और हमारे तनहा महसूस होने पर सिर्फ़ हमारी तन्हाई साथ होती हैं,

एसा लगता है कि हम तनहा होते हुए भी किसी भीड़ का हिस्सा है,

कयोकी तन्हाई में अक्सर हम किसी न किसी को याद कर रहे होते है,

उसके साथ बिताए हुए कुछ खट्टे मीठे पल को,

यादों को बातों को मुलाक़ातों को,

कहने को तो हम अकेले होते हैं,

पर सच तो यह है कि हम न दिखाई देने वाले न जाने कितने लोगों के साथ होते हैं,

13. बरसों बाद

कल बरसों बाद, एक बहुत पुराने दोस्त से बात हुई,
आवाज़ तों उसी की थी,
पर एसा महसूस हुआ कि दोस्त वो पुराना न था,
आवाज़ सुनने के बाद, कुछ देर बातचीत करने के बाद तसल्ली तो
हुई,
पर दिल को कहीं ख़ुशी न मिल सकी,
दोस्त को उसकी आवाज़ को दिल ने महसूस तो किया,
पर दिल को छू न सकी ,
दिल अभी भी इसी सोच में डूबा हुआ है, समय आगे बढ़ गया है,
या , ज़िन्दगी बदल गई हैं
बस इसी सोच में रात बित गई,
पर दिन का उजाला भी कोई जवाब नहीं ढूँढ सका !

14. बूँदों की खनक

आज दोपहर मेहंदी लगाए बैठीं थी, हाथों में,
अचानक से तभी बारिश होने लगी,
कानों में उन बूँदों की जैसे खनक सुनाई देने लगी,
दिल भी कुछ गुनगुनाने लगा,
नज़र भी जैसे कुछ ढूँढने लगीं,
जज़्बात भी उमड़ने लगे, कुछ बुदबुदाते से,
मधुर सा गीत सुनाइ देने लगा,
बादलों के बीच बने उस ,
इन्द्रधनुष के रंगों में,
हाथों में लगी मेहंदी की महक ,
और भी महकने लगी,
उस बारिश के आ जाने से!

15. क्या कहूँ, कैसे कहूँ

क्या कहूँ, कैसे कहूँ,

दिल कहता है तारिफ़ कर,

पर सोचतीं हूँ?

शबदों में कहूँ, तो शब्द भी फीके से लगते हैं,

नज़रों में भरकर , नज़रों से बयां करूँ,

तो ,

सतरगीं इन्द्रधुनष के रंग, नज़रों को बहका से देते हैं,

कयोकि , तेरे चेहरे की चमक के आगे,

इन्द्रधुनष के रंग भी फीके लगते हैं,

क्या कहूँ कैसे कहूँ,

साँसों में भरकर , एहसास में महसूस करूँ

तो तेरी ठंडी आहें, उन एहसासों को जैसे मदहोश सा कर देतीं हैं,

क्या कहूँ कैसे कहूँ,

तेरी ख़ुशबू से जब दिल खिल उठता है,

तो मानो फुलवारी से भरीं बगिया भी लहलहा जाती है,

संगीत की सरगम से भी मीठा लगता है,

तेरे लिए कुछ गाना, गुनगुनाना ,

हर राग, हर आलाप , हर तराना,

अपनी लय भूल जाता है, देख कर तेरा यू मुस्कुराना ,

अब तू ही बता, क्या कहूँ कैसे कहूँ
दिल कहता है तारीफ़ कर

16. पसन्द है मुझे

पसन्द है मुझे, यू अक्सर बैठना,
खुद के साथ समय बिताना,
खुद के बारे में सोचना,
और शब्दों का रूप लेकर,
उनको काग़ज़ पर उतार देना,
जब कभी फुरसत मिले,
तब उनको घन्टो बैठकर पढ़ना,
फिर से किसी नई सोच में शब्दों को पिरोना,
अपनी उमंगों को इक नई उड़ान देना,
खुले आसमान में कोई पतंग उड़ती हो जैसे,
समुद्र के किनारों से खेलतीं है,
लहरें जैसे,
उन किनारों के साथ, लहरों के पीछे भागना,
कभी तेज़ लहरों को अपनी और आते देख तेज़ी से भागना ,
दुर तक अपने कदमों के निशाँ देखना,
उन तेज़ चलती ठण्डी हवाओं का ,
अपनी सासों में उस ठंडक को महसूस करना,
रेत के घरौंदों का बनाना, फिर किसी एहसास में खो जाना,

17. पुरानी गलियाँ

यूँही अचानक क़दम चल दिए,
उन पूरानी यादों के पीछे,
उन पूरानी गलियों में,
जहां कभी मेरा घर हुआ करता था,
वहाँ पहुँचते से ही एसा लगा कि जैसे
वक़्त रूक सा गया हो,
कानों में फिर से वही आवाज़ गुंजने लगी,
वो हँसी की किलकारी की, ठहाकों की,
कभी वो मॉ का मुझे, मेरा नाम लेकर पुकारना,
कि साँझ हो गई, बेटा अब घर आ जा,
वो सहेलियों के संग गुड्डे गुड़ियों का ब्याह रचाना,
हाथों में चुडीयो की खनक, पैरों में पायल की रुनझुन
एसा महसूस हो रहा था,की मानो,
आज भी उस घर की दिवारें,
बचपन का कोई गीत सुना रहीं हों,
न जाने, कब बचपन का खेल खेलते हुए
ज़िन्दगी की दौड़ के खिलाड़ी बन गए हम
पता ही नहीं चला कि वक़्त किस
रफतार से आगे बढ़ गया
और अब आज

इस खेल में न कोई साथी है,
न कोई गीत,
बस इक मंज़िल तक पहुँचने की दौड़ है,
जो मिलेगी एक दिन!

18. वजह

एक लम्बें अरसे के बाद, अचानक ज़िन्दगी में तन्हाई चुभने लगे,
जब दायरों के दरमियान, फ़ासलों का एहसास होने लगे,
यूँही रंगों की चमक , आँखों को भाने लगे,
फिज़ाओ में मीठा सा एहसास होने लगे,
ऊँची उड़ानों को छूने के लिए जब ,
पखं फड़फड़ाने लगे,
थमे हुए कदमों को,जब रास्ता दिखने लगे,
कुछ खट्टा सा , मिठा सा, कुछ तीखा सा ,
सब मन को भाने लगे,
और अनगिनत सवालों को बक्से में,
बन्द कर के दूर समन्दर में फेंकने का दिल करे,
एसा लगे की बस अब बस ,
अब न कोई सवाल हो, और न ही कोई जवाब हो ,
रूठे से शब्दों से जैसे दिल भर गया हो,
बस एहसास और जज़्बात की , धुन गुनगुनाने लगे
तो एसे एहसास को क्या समझेंगे ,
किसी से महोबबत का हो जाना,
या
ज़िन्दगी को जीने की वजह का मिल जाना!

19. समझ की नाराज़गी

वो नाराज़ हैं हमसे इस बात से,
कि वो, हमें जानना तो चाहते हैं,,
पर जान नहीं पा रहे हैं,
अब कैसे कहें उन्हें,
की किसी को जानने से पहले, उसे,
समझना बहुत ज़रूरी होता है,
वो सुनते हैं हमारी ज़ुबान की बोली,
और हम,
हम समझते हैं, उनके जज़्बातों को,
वो देखते हैं, हमारी नज़रों को,
और हम,
हम पढ़ते हैं उनके दिल की बातों को,
वो कोशिश तो करते हैं,
हमारे, इशारों को पहचानने की,
पर , हम समझ लेते हैं उनके हाव-भावों को,
वो देखते हैं जिस्म को,
और ,
हम महसूस करते हैं उनकी रूह को,
इस चेहरे के पीछे भी इक चेहरा है,
इस हँसी के पीछे भी इक राज़ है,

वो जो देखते हैं हमारे भीतर,
पर कुछ देख नहीं पाते,
क्योंकि हम अलग है उनसे बहुत!

20. अनजाने दोस्त

कभी-कभी कुछ मुलाक़ात होती है,
बहुत यादगार सी,
कुछ लोग मिलते हैं,
ज़िन्दगी में अजनबी से,
पर न जाने कैसे बन जातें है, उनसे रिश्ते अनजाने में,
कभी कुछ न दिया , न ,कभी कुछ लिया,
उनको ज़िन्दगी में,
फिर भी बंध जाते हैं व्यवहार निभाने में,
बहुत ही मिठास होती हैं उस नज़राने में,
जो इक नज़र भर में ही हो जाते है, दीवाने से,
महसूस होती हैं उनकी सच्चाई,
बिना स्वार्थ का उनका प्यार,
इक हल्के से उनके मुसकुराने में,
तपती धूप में भी मिल जातीं हैं ठंडक,
उनको गले लगाने में,
एसे ही बन जाते है कुछ पल यादगार,
ज़िन्दगी के अफ़साने में
कयोकि बहुत क़िस्मत से मिलते हैं,
कुछ दोस्त अनजाने में!

21. बारिश

बारिश के दिनों में, जब
धरती और गगन का मिलन होता है,
बहुत ही खूबसूरत समय होता है,
हर तरफ़ हरियाली और मौसम बहुत ही ख़ुशनुमा होता है,
बागों में कलियों का खिलना,
पेड़ों का लदे फलों से लहलहाना,
पक्षियों का चहकना,
कोयल का कूकना,
प्यार के दिवानों का ,
वो चाँदनी रातों में चाँद को देखकर ,
ठंडक का महसूस करना,
बारिश की बूँदों को हथेली में संजोना,
फिर उसी बूँद का समुद्र की किसी,
सीप में जाकर मोती बन जाना,
वो अल्हड़पन में बारिश में मदमसत होकर नाचना,
वहीं कहीं दूसरी और बच्चों का काग़ज़ की नाँव बनाकर,
बारिश के पानी में खेलना,
ज़रा सोचिए, कितना प्यारा एहसास भर देता है ,
वो बारिश का आना!